SUITE
D'ESTAMPES
Gravées
Par Madame
LA MARQUISE
De
POMPADOUR
d'Après les
gravées de GUAY
Graveur du ROY

Seien Sie immer heiter, wenn Sie immer schön bleiben wollen

Madame de Pompadours Ratschläge an die Welt

Mit acht Stichen von ihrer höchsteigenen Hand

Carl Hanser Verlag

Die ausgewählten Briefe sind entnommen aus:
Ich werde niemals vergessen, Sie zärtlich zu lieben
Madame de Pompadour. Briefe
Übersetzt und herausgegeben von Hans Pleschinski
Carl Hanser Verlag 1999

ISBN 3-446-19698-6

Umschlagentwurf: Claus Seitz, unter
Verwendung des Pompadour-Portraits
von Jean Marc Nattier (1685–1766)
Satz und Lithos: Fotosatz Reinhard Amann, Aichstetten
Druck und Bindung: Frühmorgen & Holzmann, München
Printed in Germany

http://www.hanser.de

Jeanne-Antoinette de Pompadour war, bis zu ihrem frühen Tod 1764, zuerst die Geliebte, dann die intime Freundin des Königs von Frankreich, insgesamt neunzehn Jahre lang. Die schöne *maîtresse-en-titre* prägte mit ihrem herausragenden Geschmack und ihrer Intelligenz das Leben in Versailles, die Kultur ihrer Zeit und die europäische Politik. Madame de Pompadour kann zu Recht die *Königin des Rokoko* genannt werden. Ehrgeiz, Rastlosigkeit und Anmut mischten sich auf unvergleichliche Weise in ihrem legendären Leben. Eleganz und ein freier Geist vermehrten ihren Zauber. Madame de Pompadour war ihren Freunden treu zugetan. Ihren Feinden gegenüber konnte sie sich als unerbittlich erweisen. Die Maitresse Ludwigs XV., die aus dem Bürgerstand aufgestiegen war, erwarb sich bleibenden Ruhm als großzügige, manchmal verschwenderische Förderin der Künste. In ihrer Jugend korrigierte Voltaire ihre Briefe. Einer ihrer letzten Besucher auf ihrem Besitz, dem Élysée-Palais, war der junge Mozart. Jeanne-Antoinette de Pompadour schrieb oder diktierte bis zu sechzig Briefe oder Billets an einem Tag. Durch diese Korrespondenz blieb sie in Verbindung mit Verwandten, Freunden, politischen und geistigen Größen ihrer Zeit, ob es nun Montesquieu, der Papst oder Frankreichs Marschälle waren. Diese Briefe spiegeln das Leben einer der berühmtesten Frauen, eine Epoche und die zeitlosen Lebenspläne von Menschen.

Ludwig XV.

An die Marquise de Blagny (1747)

Wollen Sie nicht kommen, meine Tauben zu sehen und sie zu küssen? Sie sind so entzückend; ihre zarten Schnäbeleien rufen sehr süße Erinnerungen wach und lassen Mädchen immer träumen: deshalb zeige ich sie nie Alexandrine. Madame de Montespan besaß sechs Mäuse, die sie vor eine kleine Kutsche aus Silberdraht schirrte und die so ungezogen waren, in ihre schönen Hände zu beißen. Unsere reizenden Frauen haben entweder Hunde oder Katzen; das mag ich alles nicht; ich liebe nur meine Täubchen.

Der König ist zur Jagd: ich wollte ihn nicht begleiten, weil ich schlechte Laune hatte; er mußte lachen. Ich sage ihm des öfteren, daß er diesem

Nimrod gleiche, von dem ich in einer Predigt hörte, daß er »ein großer Jäger vor dem Herrn« war. Doch dieser Nimrod war ein böser König, und Ludwig XV. ist gut; das ist ein großer Unterschied.

Während er jagt, verbringt die Königin ihre Zeit mit Gebeten: sie ist eine Heilige; Glanz und Eitelkeiten der Erde berühren sie nicht mehr. Gerne würde ich von mir das gleiche sagen, denn die Welt, mit all ihrer Pracht und ihren Genüssen, langweilt mich manchmal tödlich: aber ich will es nicht mit aller Kraft. Anscheinend haben wir zwei Seelen: eine, um das Gute zu loben; und die andere, um das Böse zu tun.

Doch die Königin hat, trotz all ihrer Heiligkeit, einen großen Fehler: sie haßt mich; mir gegenüber scheint sie das Gebot zu vergessen, das Königinnen wie alle übrigen Menschen verpflichtet, ihren Nächsten zu lieben wie sich selbst. Ich, ich habe diesen Fehler nicht, durch Gottes Gnade; ich liebe diese Fürstin und verehre sie, weil sie tugendhaft ist, und ich wäre gerne so mutig, ihr nachzueifern. Auch Sie liebe ich zärtlich, meine schöne Freundin; und Sie wissen es wohl. Etc.

Marquise de Blagny: vielleicht Blegny, Stiftsdame in Chartres.

An Moritz von Sachsen, Marschall von Frankreich *(1747)*

Man muß Sie immer bewundern und Sie lieben. Frankreich war es nicht gewohnt, die Engländer zu schlagen: dieser Ruhm blieb Ihnen vorbehalten. Ein

Marschall von Frankreich, ein großer Mann und guter Bürger, der sich nicht darum kümmert, wer dem König dient, vorausgesetzt, er macht es gut, und dem die Niedrigkeiten von Eifersucht fremd sind, sagte kürzlich, daß Sie in sich die Kühnheit des großen Condé und die Umsicht Turennes vereinen. Ich weiß nicht, ob diese berühmten Generäle, die unter dem letzten König Europa erzittern ließen, so bedeutend waren, wie man sie darstellt; doch ich weiß, daß Sie von größerem Nutzen sind. Jene machten in ungerechten Kriegen Eroberungen, die der Nation keinen dauerhaften Vorteil brachten: jene griffen an; Sie jedoch verteidigen uns; das ist wichtiger und ehrenvoller.

Es wird erzählt, Herr Marschall, daß Sie inmitten der Mühen und Plagen des Kriegs noch Zeit für die Liebe fänden. Ich bin eine Frau und tadle Sie nicht: die Liebe bildet die Helden und macht sie lebensklug. Karl XII. von Schweden ist vielleicht der einzige, der nie geliebt hat, doch dafür ist er bestraft worden; er ist umnachtet und unglücklich gestorben. Die alten Germanen meinten, etwas Göttliches wohne in einer schönen Frau: fast teile ich ihre Ansicht, und ich glaube, daß Gottes Größe in einem schönen Gesicht glanzvoller strahlt als in den Gehirnwindungen Newtons.

Wir werden Ihren neuen Sieg genießen; erobern Sie noch fünf oder sechs Städte, um sich für den Rest des Feldzugs zu unterhalten, und besuchen Sie sodann Ihre Freunde.

Die Konferenzen in Breda ziehen sich hin; ich weiß nicht, wie sie enden werden und ob sie uns den Frieden bescheren, den Frankreich dringend braucht:

aber unsere Bevollmächtigten verlangen zuviel, und die Feinde wollen ihnen nicht genug geben. Ich fürchte sehr, daß dieses Verhandlungstheater mit nichts enden wird; es hat bis jetzt nur Höflichkeitsfloskeln und Ehrbekundungen hervorgebracht. Sie sind darüber sicherlich nicht böse; denn für euch Helden bestehen euer Ruhm und euer Vergnügen im Töten von Menschen: dem König aber wäre es ausgesprochen lieb, sie glücklich zu machen. Eben deshalb ist er stets bereit, die Hände zum Frieden zu reichen: jedoch muß er ebenso ehrenhaft wie gewinnbringend sein.

Gestern wurde hier in der Königlichen Kapelle das Te Deum für die Schlacht von Lawfeld gesungen; aber ich mag diese Zeremonie nicht, die mir als Beleidigung Gottes erscheint: es ist, als danke jemand einem guten Vater, das Glück gehabt zu haben, ihm seine Kinder zu erwürgen; es wäre angemessener und natürlicher, ihn um Vergebung anzuflehen.

Wie geht es dem Comte de Frise? Ich hoffe, er wird seinem Onkel ebenbürtig. Der König erwägt, ihn zu verheiraten und ihn so unterzubringen, daß es Ihrer und seiner würdig ist. Adieu, Herr Marschall; ich will Ihnen nicht nahelegen, den Feind immer weiter zu schlagen, vielmehr im Namen des Dienstes für den König und zum Wohlgefallen Ihrer Freunde auf Ihre Gesundheit zu achten. Der Verlust eines einzigen Mannes ist oft eine allgemeine Katastrophe: die würde Frankreich heimsuchen, wenn es das Unglück hätte, Sie zu verlieren.

An die Duchesse de Duras, Gattin des Ersten Kammerherrn des Königs *(1747)*

Wissen Sie denn schon, daß wir bald eine neue Dauphine bekommen? Es ist die Prinzessin von Sachsen. Man wird einen gewissen Herzog schicken, der glänzende Auftritte schätzt, um in aller Form um ihre Hand anzuhalten. Sie kennen diesen Herzog: er hat einen schönen Kopf, aber es ist nichts darin. Übrigens und ganz nebenbei, dieser Ehebund wird seltsam sein; der Dauphin wird die Tochter jenes Mannes zur Gattin bekommen, der seinen Großvater vom Thron verjagt hat und der weiterhin dessen Krone trägt. Aber die Ratschlüsse der Fürsten sind wie jene der Götter, ziemlich anders als die der Menschen. Hat man nicht zu Beginn dieses Jahrhunderts erlebt, wie der Herzog von Savoyen sich alle Mühe gab, Philipp V., König von Spanien und sein Schwiegersohn, zu entthronen, weil er den hohlen Titel eines Königs, den er dadurch gewann, höher schätzte als den des guten Vaters?

Alles in allem bin ich froh, daß man dem Dauphin eine Frau gibt; denn ich habe einige Sorge, daß ihm die Frömmelei den Kopf verwirrt: die Ehe ist das beste Heilmittel gegen diese Krankheit schwacher Seelen. Der junge Prinz ist gut wie sein Vater, und es fehlt ihm nicht an Verstand: doch seine Erziehung ist sehr vernachlässigt worden. Man hatte dem Kardinal Fleury vorgeschlagen, er solle ihm den Abbé Rome, einen klugen und vollendet rechtschaffenen Mann, zum Erzieher geben: Seine Eminenz antwortete, dieser wäre zu geistreich, und vertraute den Erben des ersten Throns Europas der Fürsorge eines Einfaltspinsels und Frömmlers an, der sich mehr darum bemühte, aus ihm eher einen, wie man so sagt, Heiligen zu machen als einen großen Fürsten. Ohne Zweifel hoffte der Kardinal, obwohl er selbst schon über siebzig war, nach dem Vater auch noch den Sohn zu beherrschen.

Falls Sie die schöne Comtesse sehen, so bitte ich Sie, sie in meinem Namen zu umarmen und sie an ihre Worte zu gemahnen: *meine Freunde müssen sich erinnern können.* Was mein Gedächtnis angeht, so ist es recht gut: ich werde niemals vergessen, Sie zärtlich zu lieben, und dieses Gefühl ist eine der größten Freuden meines Lebens.

Etc.

Fürbitte Frankreichs für die Genesung des Dauphin

An die Comtesse de Noailles, Gattin des Gouverneurs von Versailles (1748)

Was treiben Sie die ganze Zeit, meine teure Freundin? Sind Sie glücklich und zufrieden? Ich für mein Teil bin mir sicher, daß, falls es auf Erden ein Glück gibt, man es nicht an den Höfen suchen darf. Es scheint hier die Höhle des Trophonios zu sein: nie lacht man hier aus vollem Herzen. Ich finde hier nur falsche Freude, falsche Vergnügungen und falsche Freunde, die mich im Umarmen umzubringen versuchen. Ich stelle alles mögliche an, um meinen Trübsinn zu verscheuchen: aber Heiterkeit ist ein Geschenk Gottes, das er niemals mit dem Ehrgeiz verbindet; Ausgelassenheit ist mir so abhanden gekommen wie Madame de Percival die Schönheit und der Verstand dazu.

Ich danke Ihnen für Ihre Kantaten; Musik und Verse sind sehr schön; doch im Moment habe ich keine Lust zu lachen.

Sind Sie bei Martin gewesen, um, wie Sie sagten, meine neue Karosse zu begutachten? Ich habe ihm verboten, sie mit lüsternen Malereien zu verschandeln, die anständige Menschen nicht ohne Erröten ansehen können. Sie sind heute in Mode; aber was schert mich die Mode: umsichtige Frauen werden mich deswegen nur um so mehr achten. Der König hat mir sechs schöne Berberpferde geschenkt: der gute Fürst! er ist es würdig, geliebt zu werden!

Nebenbei, stimmt es denn, daß ein Blinder die Prinzessin de Conti, als sie kürzlich zur Messe bei den Theatinern war, um ein Almosen bat und dabei jammerte, *er hätte alle Freuden dieser Welt verloren*;

worauf sie sich zum Comte de Clermont umgewandt und gesagt haben soll: »Ist der Mann ein Eunuch?« Eine recht beschwingte Überlegung, besonders in einer Kirche.

Ich bekam gestern Besuch von der schönen Herzogin, die mich von Ihnen grüßte, und ich umarmte sie für ihre Mühe. Sie denken also immer an mich? Das ist recht so: nächsten Sonntag wird es achtundzwanzig Jahre her sein, daß eine gewisse Person das Licht dieser Welt erblickte, die dazu bestimmt ist, Sie zärtlich zu lieben.

Ich bitte Sie, Madame de Nanteuil in meinem Namen herzlichst die Wange zu küssen: letztendlich kann ich mich doch glücklich schätzen, Freundinnen wie Sie zu haben.

Etc.

An die Äbtissin von Saint-Antoine *(1748)*

Ich habe hochachtungsvoll den Brief Ew. Hoheit erhalten und würde Sie gerne trösten und Ihnen behilflich sein. Aber ich kann nichts unternehmen in dieser Affaire, die dem König in den schwärzesten Farben gemalt wurde. Man beschuldigt Sie, Ihre Nonnen zu tyrannisieren. Man sagt, daß Sie jeden Morgen in einem Bottich voller Milch badeten, die Sie sie nachher trinken ließen. Das wäre einer Prinzessin vom Blut der Bourbonen höchst unwürdig, und ich glaube es nicht. Aber unglücklicherweise wird es hier geglaubt, und der König ist äußerst verstimmt. Man hat also beschlossen, Sie von der Aufsicht über Ihre Mädchen zu dispensieren. Desungeachtet werden Sie Ihre Einkünfte behalten: bei rechtem Licht besehen, wäre ich beinahe versucht, Sie eher zu beglückwünschen als zu bedauern. Das Amt, fünfzig immer kummervolle und unzufriedene Mädchen zu lenken, ist höchst widrig, insbesondere für eine Person Ihres Rangs. Ich danke Ihnen ergebenst für Ihr Vertrauen in mich; ich habe versucht, mich dessen würdig zu zeigen. Wenn ich auch das Gewitter, das sich zusammenballte, nicht abwehren konnte, so ist es mir doch wenigstens geglückt, die Folgen zu mildern, wie Sie bald erfahren werden. Mein tiefer Respekt für Sie und das Geblüt, dem Sie entstammen, machten es mir zur Pflicht, die ich mich eifrig zu erfüllen bemüht habe.

Ich verbleibe etc.

An die Comtesse de Brézé (1748)

Ich habe immer viele Feinde gehabt: nun finde ich sie unter den Frömmlern, die von allen die schlimmsten sind. Ein heiliger Mann dieser Gattung, der das Gesicht und vielleicht das Herz eines Dämons hat, stellte sich gestern am Weg des Königs auf, als dieser von der Messe kam, sank auf die Knie und streckte ihm eine Bittschrift hin, die dieser in seiner gewohnten Güte entgegennahm und in meinen Gemächern las; hier der Schluß: *Ich verkündige Euer Majestät im Namen Gottes, daß Madame de Pompadour unbedingt so schnell wie möglich weggeschickt werden muß; andernfalls wird Seine rächende Hand sich über das ganze Königreich ausstrecken und Eure Untertanen für die Schwäche ihres Herrschers strafen.*

Solche Unverschämtheit verdiente vielleicht den Tod, zumindest jedoch lebenslangen Kerker. Aber der beste der Fürsten blieb sich in diesem Moment treu; er ließ den Boten des Himmels rufen und sagte ihm nur: *Mein Freund, lassen Sie einen Aderlaß vornehmen und Ihr Hirn zurechtrücken; denn im Namen des gesunden Menschenverstands verkündige ich Ihnen, daß Sie verrückt sind.*

Ich meinerseits halte ihn nicht für verrückt, sondern für einen gefährlichen Heuchler, der nicht von Gott gesandt wurde, sondern von gewissen Leuten, die ich verachte und nicht fürchte. Soweit mein Abenteuer, Madame – was halten Sie davon?

Wissen Sie, daß ich das Palais d'Évreux gekauft habe? Denn ich muß unbedingt ein Haus in Paris haben: doch ich werde es abreißen lassen und ein neues mehr nach meinem Geschmack bauen. Überall wird über Bausucht gespottet: ich stehe voll und ganz zu dieser angeblichen Besessenheit, die so vielen Elenden Brot gibt: mich vergnügt es nicht, das Gold in meinen Truhen anzustarren; vielmehr finde ich Gefallen daran, es unter die Leute zu bringen. Ich bin sicher, Sie denken wie ich. Wir wollen uns immer lieben und Niedertracht und Neid verabscheuen.

Ich verbleibe etc.

Palais d'Évreux: heute Élysée-Palais.

An den Duc de Nivernois, Botschafter in Rom (1749)

... Die Nonnen von Saint-Cyr haben mich gebeten, ihnen einen Heiligenleichnam zu besorgen, um ihn in einer neuen Kapelle, die sie gebaut haben, beizusetzen. Würden Sie sich, Monsieur le Duc, um dieses gute Werk kümmern? Der römische Hof geizt nicht mit solchen Geschenken, er wird Ihnen anstandslos dergleichen überlassen: aber hüten Sie sich wohl, diesen guten Mädchen einen Heiligen mit zwei linken Beinen zu schicken, wie sie der Heilige Olivius bei den Kapuzinern hat. Ich muß einfach lachen, wenn ich dies schreibe: das ist ein hübscher Auftrag für einen Botschafter und einen Philosophen.

In Frankreichs Geistlichkeit gärt es immer heftiger: wäre sie der Herr, gäbe es wieder die Säuberungen mit Dragonerschwadronen wie unter Ludwig XIV. Aber durch Gottes Gnade ist unser Allerchristlichster König weder ein Frömmler noch ein Verfolger; er hat, sagt er, keine Macht über die Gewissen und will sie auch nicht haben. Der gute Fürst! Ich, ich hasse die unduldsamen Priester; wäre ich Herrscherin, würde ich nur die Verfolger verfolgen. Sie denken wie ich, Monsieur le Duc, und ich bitte Sie, im Namen der Vernunft und der Menschlichkeit, die römischen Winkelzüge aufzudecken und die ersten Funken dieses heiligen Kriegs, den sie so gerne entfachen wollen, auszutreten.

Übermitteln Sie bitte meine lieben Grüße der Prinzessin von Pamphilia: sie ist eine äußerst schätzenswerte Frau, wenngleich Italienerin. Bleiben Sie wohlauf und lieben Sie stets die, von denen Sie geliebt werden. Ich verbleibe etc.

An Madame de La Popelinière *(1750)*

Ich ahnte nicht, Madame, daß wir uns jemals etwas zu sagen haben würden. Sie haben mir einen aufbrausenden Brief geschrieben, doch ich werde maßvoll antworten. Ich weiß, daß Sie seit einiger Zeit an der Spitze jener schönen Frauen marschieren, die ein Auge auf das Herz des Königs geworfen haben: Sie folgen ihm überallhin; irgendwo findet sich immer ein Hinterhalt, wo Sie ihn überraschen können; wir können darüber nur lachen. Ich bitte Sie um Verzeihung, Madame; Narrheit sollte man eher bedauern, als darüber zu lachen. Heute gehen Sie weiter; Sie beleidigen mich mit einem Brief ohne Verstand und Recht, als wäre ich das einzige Hindernis Ihres Strebens. Unseligerweise, Madame, sind mir Ihre Verdienste nicht vollends geläufig; und obwohl Sie Ihr Möglichstes getan haben, um den Allerchristlichsten König darüber in Kenntnis zu setzen, kennt er sie noch weniger als ich.

Sie sind die Frau eines reichen und achtenswerten Mannes: versuchen Sie, nur ihm zu gefallen; doch falls Sie es sich weiter in den Kopf setzen, dem Fürsten gefallen zu wollen, arbeiten Sie friedlich an diesem schönen Projekt, ohne sich über mich zu ereifern, die ich weder die Ehre haben, Sie zu kennen noch Sie zu mögen. Somit nehme ich mir erstmals die Freiheit, Ihnen zu schreiben: es wird überdies das letzte Mal sein. Die Barmherzigkeit hat mir diesen Brief diktiert; und falls die Besessenheit einer Frau kein unheilbares Leiden ist, so wünsche ich, er möge eine gute Wirkung zeitigen.

Ich verbleibe etc.

An Monsieur de Montesquieu *1751*

Ich habe Ihr Buch erhalten und bin Ihnen sehr verbunden; es ist wunderbar, und ich habe ihm den besten Platz in meiner kleinen Bibliothek eingeräumt, die nur aus Autoren zusammengestellt ist, welche, wie Sie, die Ehre Frankreichs sind und den Neid der Ausländer hervorrufen. Sie verdienen den Namen des Gesetzgebers Europas, und ich zweifle nicht, daß er Ihnen bald einhellig zuerkannt wird.

Da ich gerade etwas Muße habe, plaudern wir doch ein wenig. Sie sagen, daß die christliche Religion nicht mehr länger als fünfhundert Jahre in Europa existieren wird. Es trifft zu, daß die meisten Priester ihr Möglichstes tun, um sie durch ihren Ehrgeiz und ihre Intoleranz zu zerstören. Die Welt ist lange blind gewesen: doch allmählich bekommt sie nun Augen und beginnt, sich ihrer zu bedienen. Ich fürchte vor allem, daß die Philosophen, die doppelt so viel sehen wie andere, nun allzu eifrig sind.

Der christliche Glaube ist wahr, heilig und tröstlich; es geht nicht darum, ihn zu vernichten, sondern die Mißbräuche zu beseitigen: kappen Sie die unnützen Äste, aber fällen Sie nicht den Baum. Mir wurde manches über die Quäker in England zugetragen; es behagt mir nicht, daß sie an Eingebungen des Heiligen Geistes glauben, um dann in ihren Versammlungen dummes Zeug zu schwätzen; aber mir gefällt ihr weiser Entschluß, auf Priester zu verzichten. Glaube ist gut; nur seine Diener sind oft von Übel. Demnächst wird es, so hört man, lächerlich, Christ zu sein: sollte es so kommen, so ist es deren Schuld. Ich erlebe übrigens jeden Tag, daß die römische Kirche schlechte Untertanen hervorbringt, da sie eine fremde Macht über ihr eigenes Land stellen: unsere Bischöfe sind keine Franzosen, sondern päpstliche Untertanen.

Eine Praxis, die mir an unserer Religion stets mißfallen hat, die man jedoch trotzdem achten soll, ist die Beichte: wie kann man sein Herz einem Unbekannten öffnen, der sich vielleicht über uns amüsiert und selber ein ebenso großer Sünder ist? Das Fasten, das man uns auferlegt, mißfällt mir nicht minder: es ist eine Sache für den Arzt. Es hilft vortrefflich bei Völlerei, aber ich bezweifle sehr, ob ein Schurke, der fastet, Gott angenehmer ist als ein Ehrenmann nach einem guten Mittagessen. Ich besuche bisweilen die Predigt, und ich langweile mich dort: diese heiligen Ansprachen haben tausend Fanatiker und nie einen anständigen Menschen hervorgebracht. Was die Moralpredigten angeht, so sind sie gut, aber nutzlos: wozu einen Engländer ermahnen, demütig, und einen Generalsteuerpächter, uneigennützig zu werden? Das hieße, einem Kranken zu sagen: Monsieur, bitte schön, haben Sie doch kein Fieber mehr. Die Laster sind die Krankheiten der Seele, mit Kanzelreden wird man sie nicht heilen.

Trotz aller Mißbräuche und Praktiken, die mir in unserer Religion fruchtlos erscheinen, achte ich sie zutiefst; aber diese Achtung hindert mich nicht, den unduldsamen Geist unseres Klerus zu verdammen. Man hört, daß die Frömmler sich vorbereiten, Sie anzugreifen, da Sie frei, nicht gegen den Glauben, vielmehr gegen den Aberglauben gesprochen haben. Ich hoffe, daß Ludwig XV. niemals zum Verfolger wird: er ist ein ehrenhafter Mensch und mitnichten Frömmler. Wenn ihm durch Machenschaften dennoch manche scharfe Entscheidung abgerungen werden sollte, so wird dieser Brief für mich antworten, und Sie werden mich nie der Teilhabe bezichtigen können.

Ich danke Ihnen, Monsieur, für Ihre Komplimente: obwohl ich sie nicht verdiene, wiegen sie mich doch, wenn ich höre, daß Sie mich ein wenig wertschätzen, ein bißchen in Eitelkeit. Ich bitte Sie, Madame la Duchesse d'Aiguillon von mir zu grüßen: die Glückliche kann Sie täglich sehen und mit Ihnen reden: mir ist es nicht beschieden, mit Weisen zu plaudern, denn hier gibt es keine. Hier leben nur Automaten, kein einziger Mensch, mit Ausnahme des Königs. Kommen Sie doch dann und wann, um mich zu bilden und zu trösten. Ich verbleibe etc.

Bacchus als Kind

Abendliches Menue der Marquise de Pompadour

Dormants:
Hammelbrühe
Gemüsesuppe *financière*

Hors d'œuvres:
Poulardenfilets à la Monglas
Gurkenklein
Tauben mit ganzen Trüffeln
Pute à la Villeroy
Hirnwürstchen von Kaninchen
Pastetchen à l'Espagnolle
Hühnchen auf polnische Art
Rebhuhnfilets in Saft
Turteltauben auf italienische Art
Kalbsfilet auf Wildart
Ragout von Rebhuhn
Fasanenfilet *à la Chirac*
Hühnerflügel en surprise

Relevés:
Ochsenlendenbraten in Saft
Lammrücken
Kalbsviertel
Fasanenpastete

Entremets:
Pastetchen
Kuchen aus Compiègne

Braten:
Enten aus Rouen
Rebhühner
Regenpfeifer
Junge Hühner
Fasanen
Wachteln

Entremets:
Schinken
Gebackenes mit Pfirsich
Crème à la Genest
Trüffeln in der Serviette
Eier in Kalbsbrühe
Blumenkohl mit Parmesan
Truthahnfüße à la St. Ménéhould
Kleine Zungen
Appetithappen
Geschlagene Crème
Gebackenes Kalbshirn
Ragout à la Provençale
Artischockenherzen
Artischocken in Singara

An die Comtesse de Baschi, Schwägerin der Madame de Pompadour *(1760)*

Ich habe Madame de Lussac gesehen, die mir auch einen Kuß für Sie gegeben hat: ich habe ihr die zärtlichste Aufmerksamkeit erwiesen, da sie Ihre Freundin ist und gerne die meinige sein möchte. Sie haben wahrhaftig, meine schöne Comtesse, hübsche Freundinnen: Schönheit sucht die Schönheit; das kommt zwischen Frauen selten vor, doch Sie sind keine Frau wie die übrigen. Neben aller Anmut unseres Geschlechts besitzen Sie die Vorzüge eines galanten Mannes, und gerade deshalb liebe ich Sie. Der Tod von Madame de Crussol mutet eigenartig an. Kann das sein? Binnen zwei Tagen von einem kleinen Fieber hingerafft! Die Liebesgötter haben ohne Zweifel heiße Tränen vergossen: schöne Frauen, die sich wohlauf fühlen, werden sich ängstigen! Ich sehe mit Schmerz, daß es auf Erden nichts Dauerhaftes gibt: man bringt ein hübsches Gesicht mit auf die Welt, und in weniger als dreißig Jahren wird es runzelig; danach taugt eine Frau zu nichts mehr. Das betrübt mich: sprechen wir von anderem. Wissen Sie überhaupt, daß nach dem Vergnügen, Sie zu sehen oder Ihnen zu schreiben, eines meiner größten derzeit die Lektüre ist? So ändern sich die Geschmäcker: mit achtzehn mochte ich kaum lesen. Mein Lieblingsschriftsteller ist Voltaire; er ist ein betörender Mann, der stets gefällt und zu allem zu überreden vermag: ich glaube, kein Mensch könnte geistreicher, wortgewandter und menschlicher sein. Haben Sie seine *Schottin* gelesen? Kennen Sie die zärtliche Lindane, den unglücklichen Montrose, den edlen

Murray und den Schurken Frelon? Das alles ist bezaubernd: ich habe reichlich Tränen vergossen. Wenn ich diesen Schuft Frelon in meiner Nähe gehabt hätte, ich hätte ihm ins Gesicht gespuckt; denn sein Wesen macht schaudern. Ich bin erstaunt, daß Voltaire in seinem Alter so schöne Sachen hervorbringt und daß er so heiter, so menschlich ist, denn das Alter ist hart und immer schlechter Laune. All die alten Gesichter, die ich je gesehen habe, waren kummervoll, verzerrt, schroff, lachten nie und haßten vor allem junge Leute. Da ich glaubte, daß man im Alter naturgemäß so würde, fürchtete ich deswegen beinahe, in Geist und an Gestalt dereinst ebenso lächerlich zu werden. Aber das Beispiel Monsieur de Voltaires beruhigt mich und zeigt, daß menschliche Fehler und nicht das Alter die Ursache sind: es geschieht selten, daß jemand bereitwillig altert. Ich möchte nicht behaupten, daß es mich fröhlich stimmt; aber ich werde versuchen, zufrieden und gefaßt zu sein. Dennoch glaube ich, ganz unter uns, daß es für eine Frau schwieriger ist als für einen Mann.

Um auf *Die Schottin* zurückzukommen (da ich gerade im Plaudern bin), falls Sie sie noch nicht kennen, lesen Sie das Stück; falls Sie es gelesen haben, lesen Sie es abermals, Sie werden neue Schönheiten darin entdecken; danach beten Sie für den Erhalt des Verfassers, der ein sehr guter Christ ist, was die Unwissenden und Neider auch immer sagen mögen.

Aber übrigens noch etwas zu den Christen; wissen Sie, daß die junge Marquise de Pecquigny dem Rouge abgeschworen hat und ihre Brust bedeckt? Sie war gestern bei der Messe des Königs, schön und bescheiden wie ein Engel, und betete zu Gott mit einer Hingabe, welche die Männer in Wut versetzte und aus demselben Grunde den Frauen sehr gefiel: denn nun gibt es eine gefährliche Rivalin weniger. Ich umarme Sie zärtlich, meine liebe Comtesse; aus der Länge meines Briefs ersehen Sie, wie sehr ich Sie liebe. Etc.

An den Marschall de Belle-Isle *(1760)*

Fürwahr, unsere Projekteschmiede sind bewundernswerte Menschen; für sie gibt es nichts Unmögliches: sie finden für alles Mittel; und ich zweifle nicht, daß, wenn der König Lust auf den Porzellanturm von Nanking oder den diamantenen Weinstock des Großmoguls hätte, diese Herren die Sache höchst einfach fänden und eine Methode ersännen, um sie nach Paris zu transportieren. Die fragliche Denkschrift ist ein Meisterwerk der Frechheit und kann nur im Hirn eines Bewohners der Narrenhäuser ausgeheckt worden sein. Es ist vergnüglich, einen Mann ernstlich vortragen zu sehen, daß der König, um die Schulden zu tilgen, einfach alle fünfzehn Jahre den Staat für bankrott erklären müsse. Würde der König nach diesem System bankrott machen, könnte er es, glaube ich, kein zweites Mal tun: genausogut könnte man vorschlagen, alle fünfzehn Jahre auf den Landstraßen zum Raubzug aufzubrechen. Dieser Mann hat vermutlich weder Ehre im Leib, noch verfügt er über ein Quentchen gesunden Menschenverstand. Ich erinnere mich an einen anderen Plan, der mir letztes Jahr aus Holland zugeleitet wurde und den ich zuerst für einen schlechten Witz über das Elend im Königreich hielt: aber ich erfuhr dann, daß er von einem Verrückten stammte, der in Amsterdam Hungers starb. Er behauptete, dem König durch eine einzige Steuer und ohne das Volk auszuplündern zweihundert Millionen jährlich verschaffen zu können. Es war die einfachste Sache der Welt. Es handelte sich um die Veröffentlichung eines Erlasses, kraft dessen die Untertanen gezwungen würden, täglich den Rosenkranz zu beten, und wenn nicht, für jede Unterlassung fünf Sous zu bezahlen. Da die Franzosen nicht fromm sind, meinte der Verfasser, würden Sie fast täglich sündigen, was gewaltige Summen einbrächte. Er schloß mit der Bitte um eine Unterkunft für seine Mühe, und wir boten sie ihm in Bicêtre an. Der wichtige Punkt ist, Geld aufzutreiben, und nicht, Pläne zu schmieden. Jeder neue Generalkontrolleur verheißt Wunder; aber er verheddert sich schon beim ersten Schritt, und man ist gezwungen, ihn zu verabschieden, um ihn durch einen anderen zu ersetzen, dem bald ein dritter folgt. Die Finanzen sind in einer erschreckenden Unordnung; das Volk ist arm, murrt und sucht in der Fremde ein besseres Vaterland: unser Kredit ist vertan; glücklich sind die Engländer, und wir sind ohne Mittel und Hoffnung. Ich glaube, der Erbfolgekrieg war auch nicht verheerender als dieser. Was tun, um Frankreich zu retten? Wir bräuchten Frieden: aber wie ihn bekommen oder wie den Krieg fortführen? Das gute Herz des Königs leidet grausam in der allgemeinen Not: ist es denn nicht möglich, Monsieur le Duc, ihm aufzuhelfen, indem man seinem Volk aufhilft? Ich wäre froh, Sie zu sehen: ich habe Ihnen tausend Dinge mitzuteilen. Etc.

Bicêtre: Pariser Irrenhaus.

Amor, der Freundschaft opfernd

An die Comtesse de Baschi *1762*

Ich wollte Ihnen heute morgen schreiben; ich führte meine Feder schon zum Papier, als eine Frau, die Sie kennen, mich plötzlich unterbrach. Kommen Sie, Madame, rief Sie mir zu, lassen Sie Ihren Brief und Ihre Grüße; wir wollen uns vergnügen. Mürrisch folgte ich ihr, und zur Zerstreuung suchten wir die dicke Herzogin auf, die sich vergeblich abmühte, mich aufzuheitern; ich hatte allzu üble Laune. Schließlich aber haben wir einen kleinen Engel eintreten sehen, den ich kräftig umarmt und geherzt habe: es war Ihre Tochter. Auf Ehre, sie ist anbetungswürdig, die Kleine: sie hat schöne Augen, ein schönes Antlitz; eine feine Art in allem, was sie sagt oder tut; viel Geist, Sanftmut, Bescheidenheit und ein freundliches Herz: der Mann, der sie bekommt, wird sich glücklich preisen, falls er denn Ihrer beider würdig ist. Bei ihrem Kommen verschwanden meine Melancholie und der Kopfschmerz, der mich zu quälen begann. Nie hat ein so schöner Mund mir so wohltuende Dinge gesagt wie dieses liebreizende Kind. Wir haben gespielt, gelacht, und dann sind wir zu mir zurückgekehrt. Um meiner Freude keinen Abbruch zu tun, habe ich mich gleich an den Brief an Sie gemacht.

Kennen Sie übrigens diesen abscheulichen Mann, dessen Mund bis zu den Ohren reicht? Er war gestern in der Messe des Königs, ganz in der Nähe der schönen Marquise de Gondi. Sie hatte ihn zwei- oder dreimal bei ihren Freundinnen getroffen und höflich mit ihm geplaudert. Ist das der Grund, weshalb dieser Dummkopf mit seinem schrecklichen Gesicht sich einbildet, sie wäre verrückt nach ihm? Er stand also während der Messe neben ihr, ohne daß sie es bemerkte, und wußte nicht, was tun, um auf sich aufmerksam zu machen. Aber Liebe macht erfinderisch: er stößt sie nun so heftig gegen den Arm, daß ihr Gebetbuch herunterfällt, er es also aufheben und ihr die Hand küssen darf. Es gelingt ihm alles bis zum Kuß, den sie zu vermeiden versteht. Zu Hause angelangt, ließ die Dame ihm ausrichten, daß sein Verhalten aufdringlich und plump gewesen sei und daß sie ihn bitte, sie nie wieder anzustarren, und daß sie aufrichtig hoffe, daß er so vernünftig werde, wie er häßlich sei. Dieses Wort *häßlich* traf den armen Unglücklichen, der sich für einen Adonis hält, wie ein Donnerschlag. Er ist davon krank geworden: vier Ärzte haben das Hirnfieber nicht aufhalten können, und er liegt im Sterben. Falls er stirbt, wird seine Geschichte eine der tragischsten der Eigenliebe sein. Aber ach! wer kennt sie nicht? Während ich zehnmal am Tag glaube, noch sehr jung und sehr schön zu sein, meine ich nur ein einziges Mal, daß dies keineswegs zutrifft. Hat die Herzogin, wie sie angekündigt hatte, Sie besucht? Sie gehört zu den sehr wenigen schätzenswerten Frauen. Sie ist fromm, hat Geist und ist munter: das sind die Menschen, die ich liebe, obwohl ich ihnen nur von ferne nachblicke.

Von der B... erzählt man sich Wunderdinge, sie sei reif fürs Narrenhaus. Ach! Liebe, zärtliche Liebe hat das zuwege gebracht. Kürzlich war sie mit ihrem Liebhaber so zufrieden, daß sie ihm ihr mit Diamanten verziertes Portrait gab, das sie am Abend zuvor von ihrem Mann bekommen hatte. Man muß jedoch zugeben, daß dieser Galan das Spiel noch mehr liebt als seine Geliebte. Er hatte eine Menge verloren: da nimmt er also den Ehegatten beiseite und bittet für sein Juwel um hundert Pistolen. Die arme B... geriet über dies Zeichen der Mißachtung außer sich und will nun vollständig auf Liebe verzichten: niemand glaubt daran; bis auf weiteres kann sie einem leid tun. Bei gewissen Menschen sind Leidenschaften recht gefährlich und lächerlich. Glücklich jene, die nichts lieben!

Es gibt keinerlei Neuigkeiten. Wir verbringen wie gewöhnlich unsere Zeit in Langeweile, und unsere Minister bauen Luftschlösser. Die Einwohner von Dünkirchen bereiten sich auf ein Jahrhundertfest vor: seit fast einhundert Jahren haben sie das Glück, Franzosen zu sein, und das wollen sie feierlich begehen: die Engländer wird dies amüsieren.

Ich meinerseits freue mich, eine Freundin wie Sie zu haben, der ich meine Seele ganz öffnen und alles ohne Furcht und Zurückhaltung mitteilen kann.

Nur heran, auf daß ich Sie umarme: aber ach! meine Arme sind nicht lang genug, um Sie zu erreichen. Etc.

An die Comtesse de Baschi *1762*

Was sagen Sie zum Erzbischof? Ist es nicht grotesk, uns jetzt mit seiner Bulle und seinem Zwist mit dem Parlament zu ermüden, während wir in Sterbensangst um den Kriegsausgang und die Friedensverhandlungen leben? Das ist so, als würde man einem Mann empfehlen, seine Kinder auseinanderzubringen, die sich auf der Straße prügeln, während sein Haus in Flammen steht.

Ich bin in heller Wut, Madame: von welchen Reizen sprechen Sie denn? Ich glaubte zuerst, es handle sich um jemanden, der Sie betrachtet und diesen Satz über Sie eingeflochten hätte. Ach! meine Reize sind vor mir gewichen. Seien Sie gnädig, füllen Sie Ihre Briefe mit viel Freundschaft, doch nicht mit Komplimenten.

Aus London kommen gute Nachrichten. Der Herzog meldet uns, daß die Engländer zwar Krieg zu führen, aber keinen Frieden auszuhandeln verstehen. Wir müssen indes Opfer bringen: sie geben uns unser Zuckerrohr und unsere indischen Tuche und Stoffe wieder; aber wir müssen ihnen unsere Pelzmuffs und sämtlichen Schnee Kanadas herausrücken: möge es ihnen zum Heile gereichen; der Verlust ist nicht groß, bis auf den an Ehre, der uns beben macht. Unsere Freunde haben uns vorzüglich Hilfe geleistet.

Ich muß Ihnen, meine Liebe, etwas Verrücktes erzählen. Der Botschafter, den Sie kennen, hat mir gestern morgen einen Besuch abgestattet, und nach den ersten Komplimenten hat er plötzlich ausgerufen: »Fürwahr, Madame, Sie haben schöne Augen!« Ich habe mich zu ihm gewandt und ihn ernst gefragt, ob er mit mir spreche. »Ah! Mit wem spreche ich wohl!« meinte er. »Mit meiner Frau ganz sicher nicht.« Dieser Einfall hat mich zum Lachen gebracht und so eitel gestimmt, daß ich mich sofort wie ein kleines Mädchen in Rosenfarbe gekleidet habe. Doch als ich unseligerweise an einem Spiegel vorüberging, habe ich ein mageres vierzigjähriges Gesicht erblickt. Ich habe gefragt, wer diese Frau da sei: man sagte mir, dies sei ich, worauf ich meine rosafarbene Robe sofort wieder ablegte.

Aber sprechen wir nicht leichtfertig, meine schöne Comtesse; ich liebe Sie mit einer Zärtlichkeit, die mich bisweilen überrascht und derer ich eine Frau niemals für fähig gehalten hätte. Glauben Sie mir, das ist mein größtes Vergnügen. *Dolce vita amorosa: perchè si tarde nel mio cor venite?* Ich meine zumindest meine Freundschaft für Sie: die Liebe bedarf weder meiner Huldigungen noch meiner Klagen. Achten Sie auf Ihre Gesundheit, falls Ihnen meine etwas bedeutet. Die schöne Unempfindsame grüßt Sie und hat mir einen Kuß für Sie gegeben.

Etc.

An den Erzbischof von Paris, Christophe de Beaumont

Ich habe Ihren Brief erhalten, Monseigneur: er hat mich überrascht und bekümmert. Hier beklagt man sich, daß die Geistlichkeit zu viel Lärm um Nichtigkeiten mache: zumindest weiß ich, daß sie den König grausam plagt. Ich wünschte, gewisse Prälaten gäben uns, anstatt sich als Kirchenväter zu betrachten und Verordnungen zu erlassen, die vom Parlament verbrannt und von der Nation mißachtet werden, ganz im Gegenteil Beispiele von Mäßigung, von Demut und Friedensliebe. Ich will glauben, daß Ihre Beichtbescheinigungen eine vorzügliche Sache sind; aber die Nächstenliebe ist es noch mehr. Ich sage Ihnen hier aus der Bitterkeit meines Herzens, daß diese Zwistigkeiten mich betrüben, weil sie den besten der Könige betrüben und das gesamte Königreich verärgern: sollte ich mich indes irren, bitte ich Gott, mich zu erleuchten. Bei dieser Gelegenheit möchte ich mich Ihnen offen erklären. Was Ihre Jesuiten betrifft, so muß man sie dem Richtspruch des Parlaments überlassen. Ein Mann, der über sie auf dem laufenden ist, sagte mir gestern, sie hätten noch niemals etwas Gutes vollbracht, außer Fieberrinde aus Peru mitzubringen, und ihre Gesellschaft Jesu sei die Geißel der Könige und Staaten gewesen, die sie geduldet haben. Es wäre mir unmöglich, ihnen behilflich zu sein: doch selbst falls ich es könnte, wollte ich es nicht; das sage ich Ihnen in aller Deutlichkeit. Es scheint, als hätten sie verdient, auseinandergetrieben zu werden. Ich bitte Sie also, Monseigneur, mit mir nicht mehr über diese Angelegenheit zu sprechen und den König in Frieden zu lassen: denken Sie daran, daß Sie zunächst Untertan und dann erst Bischof sind. Sie sind dennoch auch mein Seelsorger, und ich bitte Sie um Ihren heiligen Segen.

P.S. Ich erhalte soeben einen dicken Stapel Briefe. Sie kommen von Bischöfen, die mich bitten, meinen Einfluß zugunsten der Gesellschaft zu gebrauchen. Ich ersehe daraus, daß es zu ihrer Rettung im Königreich beinahe ein allgemeines Bündnis der Geistlichen gibt, derweil fast alle Laien sich auf ihre Vernichtung einigen, und zwar aus gutem Grund. Ich werde auch diese Bischöfe bitten, mich in Ruhe zu lassen und mir ihren heiligen Segen zu spenden.

Verordnungen: der Erzbischof und die Jesuiten verlangten von Sterbenden Beichtbescheinigungen.

Genius der Poesie

Ich danke Ihnen sehr für das Buch, das Sie mir geschickt haben: alles ist schön daran, alles ist wahr darin; und Sie sind im Schreiben und Denken noch immer der Erste auf der Welt. Sie haben nur allzu recht, Toleranz zu predigen; aber die Ignoranten werden Sie nicht hören, und die Scheinheiligen wollen Sie nicht hören. Als man mir von der Hinrichtung des unglücklichen Calas berichtete, glaubte ich zuerst, daß sich das bei den Kannibalen zugetragen hätte: doch man teilte mir mit, es sei bei den Wilden von Toulouse geschehen, in einer Stadt, in der die Heilige Inquisition begründet wurde; das erstaunte mich nicht. Ich habe einige Abschnitte Ihres Werks dem König vorgelesen, der davon berührt war. Er ist fest entschlossen, den unschuldigen Greis zu sühnen und seinen Ruf wiederherzustellen: ich meinerseits wäre nicht erbost, wenn man seine Richter auf die Galeeren schickte. Es heißt, die gute Stadt Toulouse sei höchst fromm: Gott möge mich davor schützen, jemals auf diese Weise fromm zu sein.

Um auf Sie zurückzukommen, mein werter Monsieur, wie kann man in Ihrem Alter noch so feurig und ingeniös schreiben? Fahren Sie fort, die Menschen zu bilden; sie benötigen es dringend: ich nun, ich werde fortfahren, Sie zu lesen und zu bewundern. Man war so dreist, mir kürzlich Verse zuzuleiten, die den König und mich übel verunglimpfen. Ein Mann beteuerte, sie stammten von Ihnen. Ich beharrte ihm gegenüber darauf, daß sie nicht von Ihnen sein könnten, da sie zu schlecht wären, und daß ich Ihnen nie ein Leid zugefügt hätte: Sie ersehen daraus, wie ich über Ihr Genie und Ihr Urteil denke. Ich vergebe meinen Feinden gern; aber den Feinden des Königs vergebe ich nicht ebenso leicht, und ich wäre nicht verstimmt, wenn der Verfasser dieser reizenden Reime, um seine Sünden, seine Verleumdungen und seine miserable Poesie zu beweinen, eine geraume Zeit in Bicêtre zubrächte.

Stimmt es denn, daß Sie ernsthaft krank waren und die Sakramente mit mustergültiger Hingabe empfangen haben? Die erste Nachricht vernahm ich mit Schmerz, die zweite mit Behagen; denn sie bestätigt mir die gute Meinung, die ich von Ihnen hinsichtlich der Religion stets gehegt habe. Aber es war umsonst, Sie werden ihre kleinen, jedoch gefährlichen Feinde niemals zum Schweigen bringen. Monsieur d'Arouse bemerkte hierzu: *Ah! der alte Sünder, er glaubt niemals an Gott, es sei denn im Fieber.* Ich wies ihn heftig zurecht und sagte zu ihm, daß er weder wahr noch barmherzig rede.

Adieu, Apoll; die guten Nachrichten, die ich über Ihr Wohlbefinden erhalte, sind mir immer willkommen; meine Freude wäre vollständig, wenn ich Ihnen zu irgend etwas nütze sein und wenn ich Frankreich glücklicher sehen könnte.

An die Comtesse de Baschi

Gestern habe ich, meine schöne Comtesse, die Gemälde im Louvre besichtigt: ich entdeckte mehrmals mein Gesicht, und kein einziges Mal hat es mir gefallen. Ich gestehe in aller Demut, daß es nicht des

Malers Fehler ist: ich bin nur zu früh auf die Welt gekommen. Ein vierzigjähriges Gesicht unterscheidet sich sehr von einem achtzehnjährigen; und bei aller Seelenstärke bedenkt man das nur mit Verdruß. Ich glaube ohnehin, daß eine schöne Frau weniger den Tod als den Verlust ihrer Jugend fürchtet: wer auch immer das Gegenteil behauptet, lügt oder ist nur ein Tier.

Die kleine Frau des neuen Herrn der Finanzen hat mir übrigens ihre Visite abgestattet. Sie erwies mir in der etwas plumpen, guten und aufrichtigen Art, die ich so sehr liebe, tausend Freundlichkeiten. Der neue Minister kehrt den Ehrenmann hervor: aber ach! das tun sie alle rund um die Uhr. Er hat seine Reform bei den Beinkleidern des Königs eingeleitet, den er gestern fragte, wie viele davon er im Jahr brauche. Nun, entgegnete der König, da ich oft ausreite, brauche ich wohl alle drei Tage neue. Das beläuft sich insgesamt auf ungefähr zehn Dutzend, gab der Kontrolleur zurück: sehr wohl! hier ist die Liste der Beinkleider, die man auf den Etat Eurer Majestät angerechnet hat; es sind nur neunhundert. Sodann ging dieser galante Herr zu den königlichen Prinzessinnen, zog einige weiße Handschuhe aus seiner Tasche und fragte sie, wie sie ihnen gefielen. Sie sind sehr schön, meinten die Prinzessinnen. Vorzüglich, fuhr der Kontrolleur fort; sie kosten mich zwanzig Sous das Paar; Ihre beliefen sich auf fünfzig: ich werde die Ehre haben, Sie künftig damit zu versorgen. Sie sehen, meine Liebe, dieser Mann beginnt gut; aber es stehen größere Reformen an als die bei Beinkleidern oder Handschuhen. Man versucht, Anleihen aufzunehmen, aber die Franzosen haben nichts auszuleihen, und die Ausländer wollen nicht. Wir haben keinen Kredit mehr: es gibt keine Hypotheken oder verfügbaren Fonds als Sicherheit für die Gläubiger. Laval erzählte gestern von einem portugiesischen General in Geldnot, der sich an Kaufleute wandte, die ihm auf Treu und Glauben bei seinem Barte 200 000 Pistolen vorstreckten. Ich weiß nicht, welche Wertschätzung zum Beispiel die Holländer für den Bart des Königs hegen; aber ich bin mir gewiß, daß sie keine zwanzig Dukaten für dieses Pfand gäben. Vor einiger Zeit hieß es, man müßte die Steuerpächter aufhängen; sie haben jedoch mächtige Fürsprecher, die von ihnen als den Säulen des Staates sprechen; andere meinen, sie hielten den Staat so aufrecht wie der Strang einen Unglücklichen am Galgen: was meinen Sie? Nur eines ist gewiß, daß wir nämlich erniedrigt und elend sind. Frankreich war einst verhaßt, aber gefürchtet: nun haßt und verachtet man es. Obschon Staatsangelegenheiten

Genius der Musik

den Frauen im allgemeinen sehr gleichgültig sind, können und dürfen sie es mir nicht sein: eben deshalb bekommen meine Briefe fast immer einen unangenehmen Zug ins Politische, was für jede außer für Sie äußerst langweilig wäre.

Ich muß Ihnen noch berichten, daß hier seit geraumer Zeit die Pocken grausam wüten: binnen zwei Wochen haben sie zwanzig Menschen umgebracht und fünfzig entstellt. Hüten Sie sich also, derzeit Ihr schönes Gesicht hierher auszuführen: Sie tot oder furchtbar zugerichtet zu sehen wäre beinahe gleich schlimm. Ich umarme Sie, meine zärtliche Freundin; trösten Sie sich über meine Abwesenheit; und wenn Sie das Geheimnis dafür entdeckt haben, so teilen Sie es mir unbedingt mit.

Adieu etc.

Die komplette Ausgabe der Briefe ist im August 1999 im Hanser Verlag erschienen unter dem Titel:

Ich werde niemals vergessen, Sie zärtlich zu lieben
Madame de Pompadour. Briefe
Übersetzt und herausgegeben von Hans Pleschinski

Carl Hanser Verlag
ISBN 3-446-19753-2
448 Seiten mit acht Abbildungen
Leinen, Fadenheftung